天山 詩選 128

신 동 익 첫민조시집

콧구멍 없는 소

한기10957
한웅기5918
단기4353
공기2571
불기2564
서기2020
도서
출판 天山

1	2	3	2	3	4	3	4	5
4	⑤	6	5	⑥	7	6	⑦	8
7	8	9	8	9	1	9	1	2
4	5	6	5	6	7	6	7	8
7	⑧	9	8	⑨	1	9	①	2
1	2	3	2	3	4	3	4	5
7	8	9	8	9	1	9	1	2
1	②	3	2	③	4	3	④	5
4	5	6	5	6	7	6	7	8

<그 림> 큰·9수 궤짝

콧구멍 없는 소

신 동 익 첫민조시집

上元甲子
8937
+2020
10957
5918
4353
2571
2564
2020

도서 출판 天山

<辛東益 첫민조시집 머리시>
序　　詩

언어를
가락잡고
장단치며,

어와 둥둥…
거푸거푸
사이마치,

어와 둥둥!
3·5·7로
4·6·8로도
3·4·5·6조로.

화음에
화음에의
화음의 소리,
'天符經' 수리
하늘의 소리,

어와 둥둥 어와…,
울려라, 民調詩.

<2020.5. 立夏節에. 艸牛.>

<序文>

東夷文化 歷史美學의 선구자 반열에 서다
―― 신동익 첫민조시집 '콧구멍 없는 소'를 몰아보고

　艸牛 辛東益 翁은 東方歷史文化美學을 時調文學에 녹여 풀어내 民族詩 형제뻘인 民調詩를 쓴다. 翁의 역사 미학 민조시집 '콧구멍 없는 소'가 이 땅 새정형시 民調詩林에 새로운 빛을 안고 태어난다. '民調詩學'(2015.초회.)과 자매지 '自由文學'(2020.제115회.추료.)을 통해 추천을 받았다. 時調로 一家를 이뤘지만, 民調詩도 翁 나름대로 동방 정신 문화 미학을 역사 미학으로 융합해 상당한 성과를 보여준다. 첫민조시집 '콧구멍 없는 소'가 그러하다.

　靑民調詩 '가을걷이·1'에 '콩꺾어 한마당 늘어놓고/하늘을 보니,/얇은 청포 한 장.'이라 펼쳐보인다. 그런가하면 '눈(雪)·1'에서는 '우주를 떠돌아도/쉬어갈 곳은/지구뿐이로다.'며 自存을 깨닫고있다. '모란(牡丹)꽃 사설'과 '집단 무의식 똥구멍에 불질러라'(靑民調詩) '예각과 둔각'(박광호 그림 '물고기 뼈·1')은 이시집의 3총사로 대표작이다. 이밖에도 '눈·3' '은행' '조팝나무꽃'(靑民調詩) '모란' '이승과 저승' 들은 절창이다. '모란꽃 피면' '홀로아리랑' '黃太(명태 열전·1)' '擧世皆濁' '완전 범죄' '소·4·5' 들도 버금간다.

　詩翁은 민조시를 時調 틀에 넣어 쓰는 데 성공하고, 특히 '예각과 둔각'에서는 사설 시조 형식과 같은 형태 미학을 보여주는 데 선각자적인 위치에 서있다.

　이번 신동익 첫민조시집은 辛 翁의 시조와 함께 우리 문학사에서는 東夷文化 歷史美學의 선구자 쪽 반열에 서있게 될 것이다. 이런 면에서 그누구라도 老翁의 문학 정신에 경의를 표하지않을 수가 없을 것이다. 白壽가 될 때까지라도 時調든 民調詩든 좋은 작품을 많이많이 생산해주기를….

　　　　　　　　　　　　　　　　　　2020. 6. 5. 亡種節.
　　　　　　　　　　　　　　　　　　義山 申 世 薰
　　　　　　　　　　　　　　　　　　<文協 제22·23대 이사장>

차 례

신 동 익 첫민조시집
콧구멍 없는 소

辛東盗 첫민조시집 머리시 /序 詩/艸牛 辛 東 盗/ 4
序 文/東夷文化 歷史美學의 선구자 반열에 서다/義山 申 世 薰/ 5

제1부 우연이 아니다

똬리푼 독사/ 15
3재(才:極) 교향곡/ 16
'운 3·4 성환 5·7'(-우연이 아니다·1)/ 17
農 첨지(-우연이 아니다·2)/ 18
黃口를 빌어(-우연이 아니다·3)/ 19
콧구멍없는 소(-우연이 아니다·4)/ 20
민속밭도 간다(-우연이 아니다·5)/ 21
"소가 '하도 낙서' 등에 지고오리라"(-우연이 아니다·6)/ 22
數는 만물의 대명사/ 23
물에서 큰불난다/ 24
'코로나 19'의 교훈·1/ 25
'天符經'을 풀고나니/ 26
'天符印'과 '天符經'/ 27
통일의 제단에는/ 28
콩심은 데 콩, 팥심은 데 팥/ 29
큰 사 람/ 30
혼국력(桓國曆)과 '부모 대보 은중경'/ 31

신동익 첫민조시집
콧구멍 없는 소 ──────── 차 례

제2부 前三三 後三三

金尺陵/ 35
天地功事 시작되었다/ 36
麻 三 斤/ 37
택호(宅號)의 유래/ 39
'天符經'·數獨(ストク)·魔方陣/ 40
도로아미 타불/ 41
'般若心經'·1/ 42
宇宙와 '天符經'/ 43
一者·唯一神/ 44
前三三 後三三/ 45
靑山同甲/ 46
수지맞겠다, 억!/ 47
三　　數/ 50
干支의 유래/ 51
분단의 비극을 넘어/ 53
'天符經' 나라/ 55
숨 소 리·1(-화음 세계)/ 59

차 례

신 동 익 첫민조시집
콧구멍 없는 소

제3부 寺畓七斗落에 길을 묻다

동민조시/ 감꽃이 피면/ 63
고구마순을 내다/ 64
귀쑥(개쑥) 小考/ 65
寺畓七斗落에 길을 묻다/ 66
눈(雪)·3/ 67
芭蕉를 읽다/ 68
모란꽃피면/ 71
봄 情 景/ 72
小滿節 감나무/ 73
쇠스랑 미안하다/ 74
오동나무아래에서/ 75
우리집 7월은/ 76
5월뜰에서/ 77
은행나무/ 78
은　행/ 79
'작천정' 벚꽃축제/ 80
靑民調詩/ 조팝나무꽃/ 81

8

신 동 익 첫민조시집
콧구멍 없는 소 ──────────── 차 례

제4부 집단 무의식 똥구멍에 불질러라

靑民調詩/ 가을걷이 · 1/ 85
눈(雪) · 1/ 86
연　필/ 87
모란(牧丹)꽃 사설/ 88
모　란(牧 丹)/ 89
無　爲/ 90
밤　　새(夜 鳥)(-박 광 호 그림)/ 91
별　꽃 · 1/ 92
새끼를 꼬다(-상 생 · 1)/ 93
소녀상앞에서/ 94
소실점을 위하여/ 95
예감, 사명당 비석/ 96
靑民調詩/ 집단 무의식 똥구멍에 불질러라/ 98
착각이나 엇각이나/ 100
한 가 위/ 102
홀로아리랑/ 103
홍　　시/ 104

차　례 ──────────────

신 동 익 첫민조시집
콧구멍 없는 소

제5부 시사 만평

黃　　太(-명태 열전·1)/ 107
生　　太(-명태 열전·2)/ 108
北　　魚(北泰魚:北太:물태:生太:명태/-명태 열전·3)/ 109
明　　太(-명태 열전·4)/ 110
凍　　太(-명태 열전·5)/ 111
통　　태(丸太:マルタ:마루타/-명태 열전·6)/ 112
盲　　太(-명태 열전·7)/ 113
毒/ 114
'山 海 經'/ 115
擧世皆濁/ 118
時事漫評·1(-박 근 화)/ 119
時事漫評·2(-시 진 핑)/ 121
時事漫評·3(-트럼프 카드)/ 124
예각과 둔각(-박광호 그림·'물고기뼈·1')/ 125
완전 범죄/ 126
양다래넝쿨손(-국 회)/ 127

10

신동익 첫민조시집
콧구멍 없는 소

— 차 례

제6부 溫故知新

'金尺'을 복원하다/ 131
바 둑・1(-숨은 이야기)/ 132
바 둑・2(-바둑판 원리)/ 135
바 둑・3(-어 원 考)/ 138
바 둑・4(-알파고와 李世乭)/ 139
바 둑・5(-바둑판은 우주의 축소판)/ 141
禪/ 142
소・3(-민속밭도 간다)/ 143
소・4(-牛 公)/ 144
소・5(-艸牛野墅)/ 145
한・일 대역 民調詩/ 소・6(-艸 牛)/ 146
韓・日 對譯 民調詩/ 牛・6(-艸 牛)/ 147
소・7(-騎牛歸家)/ 148
溫故知新/ 149
이승과 저승/ 152
장맛비 斷想・1(-德)/ 153

艸牛 辛東益-약력/ 154

제1부 ─────────────── 우연이 아니다

똬리푼 독사
3재(才:極) 교향곡
'운 3·4 성환 5·7'(-우연이 아니다·1)
農 첨지(-우연이 아니다·2)
黃口를 빌어(-우연이 아니다·3)
콧구멍없는 소(-우연이 아니다·4)
민속밭도 간다(-우연이 아니다·5)
"소가 '하도 낙서' 등에 지고오리라"(-우연이 아니다·6)
數는 만물의 대명사
물에서 큰불난다
'코로나 19'의 교훈·1
'天符經'을 풀고나니
'天符印'과 '天符經'
통일의 제단에는
콩심은 데 콩, 팥심은 데 팥
큰 사 람
흔국력(桓國曆)과 '부모 대보 은중경'

똬리푼 독사

의심의, 똬리 푼

저 독사다,

솔개가 낚아 채가도 좋으리.

3재(才:極) 교향곡

三才는, 우주다,
자연이다, 바람소리
지렁이소리 전자파 안꼬여.

하늘은
모든 존재, 모든 형상들
다 품고 있으니,
공통 분모이지.

이땅은 분별없이
卵生·胎生 濕에 나는 것
기는 것 나는(飛) 것, 바쁘게 기르니….

사람은 사람대로
그밖 만물들 數를 동반한, 각각 제나름
제생체 주기성(*bi·orhythm*), 따라서 노느니…!

그소리 소리소리 서로서로가
둥둥실 둥실
교향악 아니니.

'運 3·4 成環 5·7'[*1]
―― 우연이 아니다 · 1

'天符經',

'운3·4

성환5·7'

이일곱 자를

풀게 하심은,

우연이 아니다.

*1: '천부경'의 한 구절.

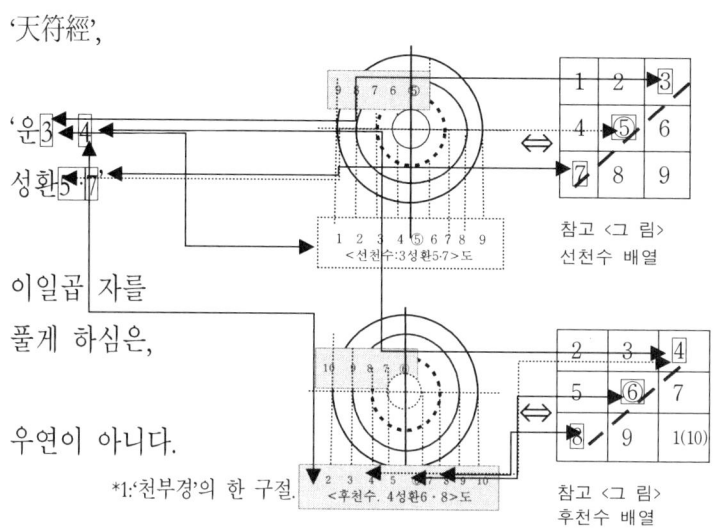

農 첨 지
──우연이 아니다 · 2

못나고
어리석고
욕심비운,

첨지첨지
늙은첨지,
農 첨지에게,
풀게 하심은,

우연이 아니다.

黃口를 빌어
―― 우연이 아니다 · 3

부처는 늙은이 몸을 빌고
黃口를 빌어
법을 전한다네.

콧구멍없는 소
──우연이 아니다·4

콧구멍
없는 소가
'9수 궤짝'을
바리등짐지고,
거리 나타났네.

하늘밭
논밭간다,
마음밭 간다,
뚜벅뚜벅 간다.

1	2	3
4	⑤	6
7	8	9

<그 림> 9수 궤짝

1	2	3	2	3	4	3	4	5
4	⑤	6	5	⑥	7	6	⑦	8
7	8	9	8	9	1	9	1	2
4	5	6	5	6	7	6	7	8
7	⑧	9	8	⑨	1	9	①	2
1	2	3	2	3	4	3	4	5
7	8	9	8	9	1	9	1	2
1	②	3	2	③	4	3	④	5
4	5	6	5	6	7	6	7	8

<그 림> 큰·9수 궤짝

민속밭도 간다
──우연이 아니다·5

고누(꼰)밭
윷밭간다,
바둑밭간다,

민속밭도 간다,
역사이랑이랑,
뚜벅뚜벅 간다.

"소가 '하도 낙서' 등에 지고오리라"
──우연이 아니다 · 6

후천의 개벽조짐 나타날 적에 "소가 '하도 낙서', 등에 지고온다."*1

牛公은 밥통 네 개 풀을 밥으로, 풀씨 멀리멀리, 퍼뜨려 옮긴다. 영양가 수분 듬뿍 듬뿍이 품은 쇠똥 풀씨 요람. 쇠똥을 밥으로만 먹고 자라서 야들야들한 풀, 우공님께 공양, 상생의 원리다. 소와 풀 풀과 소는 공생하면서 영역 멀리멀리, 넓혀 넓혀간다.

그 소가 소아니라 사람도 소다, 내 호가 '艸牛'다. 한때는 낙농업을 생업으로 우공과 같이, 함께 30년 우유 받아먹고, 공생하였도다.

그먼저, 10년을 하루같이 풀이 좋아서 목초 연굴했다. 그결과 그 풀따라 젖소가 오대, '艸牛' 호를 땄지, '초우 목장' 이름, 짓고 간판 달고…, 우연이 아니다.

소, 소가 '하도 낙서' 등덜미 지고 꼭 나오리라, 이후 틈만 나면. 하루가 멀다하고 이런 공부를 하시니라고야.

*1:증산도(甑山道) '도전' 196쪽. 714쪽.

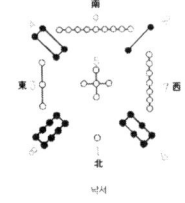

〈표〉 낙서

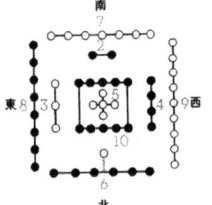

	남2·7	
동3·8	중5	서4·9
	북1·6	

4	남9	2
동3	중5	서7
8	북1	6

〈표〉 하 도   〈표〉 낙 서

數는 만물의 대명사

1.
천하의 사물은
이름을 갖고있다,

이름있는 것
곧 數를 가진다,

수가 있는 것은,
모두 힘을 낸다.

2.
천하의
사물들은
이름(말) 있으면,
있는 것이고,

이름(말) 없으면
곧 없는 것이다.

(——'蘇塗經典本訓' 제5.)
*1:盖天下之物有號名則皆有數焉有數則皆有力焉.
*2:故天下之物以其有言之則皆有之以其無言之則皆無之

물에서 큰불난다

우주공 공간에서 물과 물이
부딪치어서 천둥번개 큰불.

물과 불
상극이라 하였던가,
북은 水요, 남은 火라,
6·25 큰불 활활 타올랐지.

백두산 화산이 또
폭발 징조가 보인다는 뉴스.

그때에 백두산물
폭발 매체역
큰불나는 소리.

'코로나 19'의 교훈 · 1

'코로나'
'귀로나'는,

그래도 홍진
마마보다야,
양심있는 손님.

연령별
사망자 비
70대 70, 80대 80, 90대 90…,

'長幼有序' 아는,

착한 손님 마마!
대왕마마시다.

'天符經'을 풀고나니

그 짧고 어려운
암호같은
여든 한 자,

아니, 아니!
마흔 다섯 자,

다 풀고 나니,
만상이 螺旋狀,
골뱅이골뱅이,
똬리똬리 돈다.

'天符印'과 '天符經'

'천부인' 세 개는
원(○)에다,
4각형(□)에
3각형(△)이다,
만물 지어내
재는 그림쇠다.

너와 나 그대까지
'天符印'은 짓고만들고,
天衣無縫한
하늘옷 한 벌
입고 태어난다.

'天符經' '천부경'은
'해석 기하학'
天衣는 대칭
數理를 동반
안전한 무게심,
3 · 5 · 8 황금비,
균형미 넘친다.

통일의 제단에는

통일의 제단에는 사이비 가짜 올리지를 말자.
오늘의 한반도는 세계 축소판 온갖 잡동사니, 전시 박람회다.

한반도 분단 결코, 우리만의 문제 아니라 지구촌 문제다.
여기에 사상 대립, 군사 대치, 종교 박람회 다국적 문화가, 상륙하고 있다.
누구도 예측할 수 없는 기류가, 일촉 즉발의 전운이 감돈다.

그누가, '사람은 기도밖에 할 수 없는 나약한 존재, 신의 속물로 전락시켰던가. 다가올 신천지는 그기복 종교 타파에 있나니….

'天符經' 끝부분에 '광명 하나된 온전한 사람, 제1이다(本心本太陽昻明人中天地一)'라 선언하고 있다.
그리고 '3·1 신고', 말미에는 '返忘卽眞' 망령되돌린 즉시 '참'삶을 표방하고있다. 내부의 자기 혁명 그것 난세를 건너는 힘이다.

콩심은 데 콩, 팥심은 데 팥

'天符經' 여든한 자
盤古 호인씨(桓因氏)
所作 上元甲子.

이우주 白空 속에
온갖 씨앗 다
들어있는 寶庫.

이우주
모든 존재 모든 현상
남김없이, 갈무리고
콩심은 데 콩, 팥심은 데 팥,
사람속에서 사람 나는 이치,
뉘 속일 수 있나.

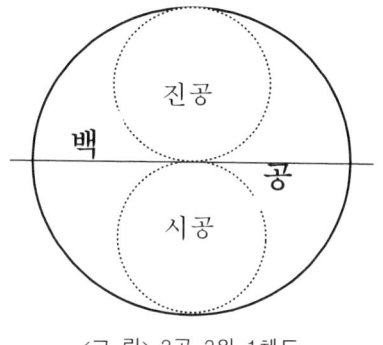

<그 림> 3공 3위 1체도

三空은
시공 따로
진공 따로
백공 따로,

각각 다른 것
그러나 하나다,

3위 1체 하나(1+1+1= 1).

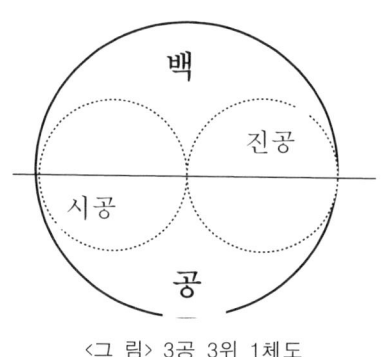

<그 림> 3공 3위 1체도
±태 극 도

큰 사 람

큰사람
말과 행동
가로로 가나
세로로 가나,

꼭 정방형이다.

한국력(桓國曆)과 '부모 대보 은중경'

한 달은 7일 4주, 28일 뒤 5장이 처음 생겨나 나왔고(月逾生五臟)···.

또 칠칠(7·7) 49일 넘긴 다음엔 6정 열리나니(七七六精開)···.

아, 회임! 10개월(懷經十個月)로 2백 80일 수리로 밝혔다.

사람의 생리 주기 4주간이고, 28일 회임, 기간 40주에, 2백 80일이, 또한 열(10) 달이면, 2백 80일로, 생리와 역법도, 일치하고있다.

그리해 불교에서 49제를 지내는 예법, '天符經'에서 파생 경전이다.

> *註 : 일반적으로 '父母恩重經' 뿐만아니라 모든 불경은 부처님이 설한 '佛說'로 되어있다. 정식이름은 '佛說大報恩重經'이다. 우리나라에서 언해한 언해본도 여러 종류가 있다. 그중에서 가장 오래된 것은 1553(조선 명종 8.)년 長湍 '화엄사에서 간행한 화장사 판으로, 여기에는 삽화도 들어있다('불교학대사전'.홍법원).
> 한국역(桓國曆)과 '부모 은중경'이 일치하고있는 것은 인도의 중천축국이 한국(桓國.BC.8937.)의 한 부족 국가였고, 신라 때까지도 한때 속해있었던 관계에서 알 수 있다.

제2부 ──────────────── 前三三 後三三

金尺陵
天地功事 시작되었다
麻三斤
택호(宅號)의 유래
'天符經'·數獨(ストク)·魔方陣
도로아미 타불
'般若心經'·1
宇宙와 '天符經'
一者·唯一神
前三三 後三三
靑山同甲
수지맞겠다, 억!
三　　數
干支의 유래
분단의 비극을 넘어
'天符經' 나라
숨 소 리·1(-화음 세계)

金尺陵

금척은, '병든 것 일으키고 죽은 것조차, 살려낸다는' 가히 名品 神品.

경주시, 건천읍 금척리에 금척릉군이 옹기종기 모여, 30여기 會中.

당나라 왕가에서 소문을 듣고 혁거세(赫居世) 왕에게, '금척' 요구하다.

국기(國基)를 상징하는 나라 보물로 앗길 수 없었다.

빌미로 30여개 능을 만들어 숨기고서 모면.

天地功事* 시작되었다

數理와
天理에,

빗나간
모든 존재(諸法)
모든 현상(諸行),

'金尺'앞에는
눈 녹듯 다 녹아.

> *天地功事: 현하의 분열 대립 갈등의 연역적 소모적인 선천 시대는 가고, 통일 화합 해원의 생산적 귀납적 返本의 후천 시대가 온다는, '이와 같은 자연의 힘'(斯白力之).

麻 三 斤
── 話　頭

'마3근'
마 3근, 마 3 근…,

염불하랴,
면벽을 하랴,

남무 아미 타불,
도로 아미 타불.

'마 三斤'
저울이다,

목화에 속고
저울에 속고
사람에 속고,

속고속는 세상,
사법 상징이다.

마3근?
三斤? 三斤?

麻 3근이나

鐵 3근이나
綿 3근이나,

부피는 달라도,
무게는 한 표다.

택호(宅號)의 유래

인류가 상원 갑자 시(十)월 3일(초사흘)에, 支那(*china*:가지나라) 서녘끝,

천산자락에서, 나라 세웠나니.

甘肅省 燉煌에서 인류 역사상
맨처음으로 흔인씨(桓因氏)께서 부족 연합 국가,
神市를 세운 것, 처음 사람이름.

그부인 모르는 것, 없다하여
'莫知'라는 이름이 생겨 그렇게 불렀다.

고대엔 부부 간에 득도를 하지 못하면 제왕,
될 수 없다는 불문율 있었다.

나라를 세운 부부 택호 생겨 상원어른,
상원 부인 오늘날까지, 핏줄을 타고 내려오는 소치.

이지구 어디에서 살거나 택호, 있으면 한민족.

어길 수 없는 사실 상고대 때의 혈연성 지연성, 親緣性 있는 것.

'天符經'·數獨(ストク)·魔方陣*

계산기
전화기
전자 계기,

타이얼 字板
'天符經' 도용,

魔方陣·數獨(ストク)
'河圖洛書'도
'天符經'의 표절,
지적 재산세(로열티:*royalty*)를!
마땅히 물어야,
받으러 갈 테다.

15		15		15
	1	2	3	
15	4	⑤	6	15
	7	8	9	
15		15		15

<그림> 9수 궤짝(선 천 수)

* '天符經' : '天符經'은 <표>에서 ①종횡 대각 수열이다. ②같은 수의 겹침이 없다. ③종횡 대각으로 그합이 같다.
· 魔方陣은 <표>에서 ③종횡 대각으로 그합이 같다.
· 數獨(수독)(ストク)은 <표>에서 ②같은 수의 겹침이 없다.

도로아미 타불

사람들
몸으로는
功德을 짓고,

입으론 까먹고…,
도로아미 타불.

'般若心經'·1

불
경

중

짧은 경전

도토리꼭지

經
모
자
따
까
리.

우주와 '天符經'

우주는 지금까지 3천 개 이상 발견됐다고 해.
각 다른 우주마다 독특한 특성 가지고 있다해.
우리와 함께하는 무리무리는 딴 우주에 가서, 못살아 못산다.[*1]

'그작은 하나가(一渺衍), 천만 번 오고가는(萬往萬來) 변장술 부려(用變)
겉모양 바뀐들, 한 푼 움직인 적, 없다는 그근본, 그자체이니라('不動本')[*2]…'

종교학 철학 신학 통틀어 이제
과학 영역이래[*3], 그렇다! '天符經'.

종교는 기복이 아니다,
기도는 명달라 복달라
원하고 비는 것 아니라,

자기 암시[*4] 자기 표상[*5] 자기 내부
의지의 표출 自己革命이다,
'내가 나 된 것뿐!'

    [*1].'위대한 설계'. 스티븐 호킹.
    [*2].'天符經'의 한 구절.
    [*3].'위대한 설계'. 스티븐 호킹.
    [*4].자기 암시:일정한 관념을 되풀이함으로써 자기 자신에게 암시를 주는 심리 작용.
    [*5].자기 표상:① 대표적인 상징. ②(심)외부 세계의 대상을 마음속에 나타내는 것. ③(철)知覺에 따라서 의식에 나타나는 외계 대상의 像.

一者·唯一神

'한사람', '一'일 뿐!

'오직 하나', '오직 一神!'

섬기는 일
절대자 도구
神의 노예로다.

前三三 後三三
── 話　頭

여보소, 들어보소,
물방울 똑·딱!

눈을 닦고오소,
귀를 열고오소.

앞 三三 뒤도 三三,

그중간은 공(空:0)
공이란 총화다,
붇거나 줄거나,
언제나 영(零:0)이다,
해도 함이 없다.

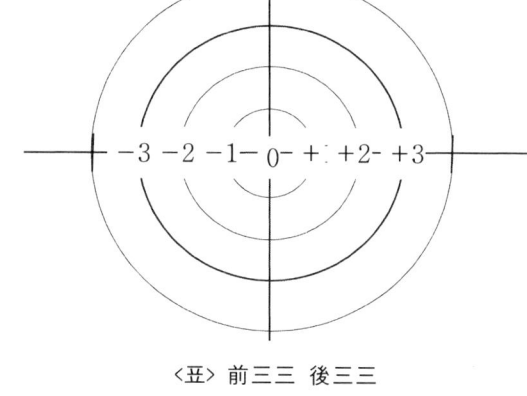

〈표〉 前三三 後三三

이보소, 들어보소,
'오늘 남의 일
내일 나의 일',

오늘 남의 작지,
내일 나의 작지,

'공수래 공수거',
공수거 공수래.

*시작 노트: 종교도 이제 수리적 과학적으로 접근할 때다.

靑山同甲

阿彌陀
게시는
西方淨土,

우리가 사는
靑山同甲이래.

수지맞겠다, 억!

해는야! 나날이 뜨고지고 지고뜨는데,
어디가 시작 어디가 끝인가?('1시 무시1').

만세력, 역법에 상원 갑자 중원 갑자에 하원 갑자 있다.
1갑은 60년, 60년을 회갑 그리고 환갑이라 한다.

회갑을 60번 지나서야 3천 6백 년 1원갑이 된다.

상원갑·중원갑·하원갑을 한 바퀴 돌면 1만 8백 년,
우주 한 달(1월)이다.

금년의 무술(2020)년에 경자년이 세 번 지나 37년째 庚子年이 왔다.

모두다 합산하면 1만 8백 년 더하기 백 20,
거기에 더하기, 37년이면, 만 9백 57, 흰기(桓紀) 기년(紀年)이다.

흰력은 사람의 생리 주기 28일에 뿌리두고 있다.
윷놀이 말구무도 28수로 한 달을 뜻한다.

　수리적 과학적 친 자연적 보편 주의를 바탕으로 한 나라를 어찌
해, 신화 미신으로, 팔아먹는가, 할(喝)!
　수지맞겠다, 억!

*참고/ 〈윷판의 수리 구조〉

1. 둥근원은 하늘을 표시한다. 1이다.
2. '十'자로 동서 남북 4방에 각각 2점 곱하기 4는 8이다.
3. 원둘레의 4방에 각각 5개씩, 5·10·20이다.
4. 동서 남북 각각 4와 7은 28이다.
5. 중앙의 0.8은 3년 반마다 윤년일 때 29일이 된다.
6. 1년은 13개월, 1달은 4주이고, 1주는 7일이다. 1달은 28일이고, 52주로 1년의 기초 수는 3백 64일이다.
7. 1년의 마지막달은 큰달로 쳐서 1일을 더한다. 3백 65일이 평년 일수이다.
8. 그리고 10년 반마다 윤 시분초가 들어가 0에 귀착하는 역제이다.
9. 세계 최초의 달력이며 정밀하고 치밀한 달력이다. 세계 어느 달력도 이에 미치지 못한다.
10. 윷판에 그려진 수를 정열하면, 0·1·2·4·5·7·8·13·28·52·364·365·366…이다. 여기에서 수열을 골라보면, ①은 1·4·7·13·28·52·364…이다. 이것은 1·4·7 무한 수열의 원소이다. 사람의 생리 주기도 28일이 한 달로 되어있다. 외임 기간 열 달 2백 80일이란 말도 여기에서 유래한다. 불교 '부모 은중경'에서 회임 기간 열 달이라하는 것도 여기에서 유래한다.

    ②는 2·3·5·8·13·365이다. 앞 두 수 항의 합이 다음 수항이 되는 피보나치 수열로 이루어져 있다. 이것을 황금 비율이라 한다(〈그림·2〉).
11. 황금 비율 : 2·5·8은 무한 수열이다. 여기서 음미해 볼 것은 ① 앞 수에다 3을 더해가는 수열이고, ②앞 두 항의 수합이 다음 항의 수가 되는 피보나치 수열이다. 곧 2·5·8을 0·1·1·2·3·5·8·13…과 같이 변형이 된다(〈그림·2〉).

    위의 0·1·1…부분에서 1년 13개월 중 끝달은 큰달로 쳐 1을 더하고, 윤년일 때 1을 더하는 이유가 여기에 있으며, 0에 귀착하는 역법이다.

〈

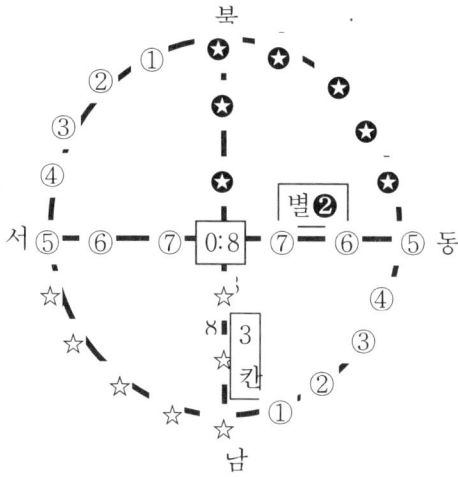

<그림·1> 윷판의 수리 구조
1주 7일, 1달 28일, 1년 13개월.

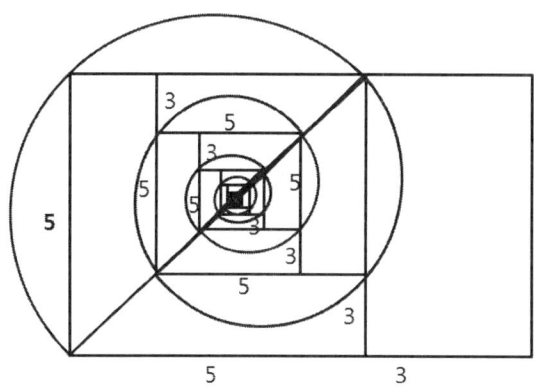

<그림·2> 황금 비율. …2·3·5·8…

三　數

솥발은
세 발치로
우주를 이고
다 담고도 남아.

三足烏,
까마귀
불까마귀 세발까마귀
태양까지 날아,
밝은 소식물고….

다같이
너도 나도
믿을 수 없어
가위·바위·보!

단 세 번 뚝! 딱! 싹!

干支의 유래

安巴堅 莫知 사이 아들 열둘이
그이름 딴 干支, 古干支*이로다.

10간지(十干支)를 모(母)로,
12지지(十二地支) 자(子)다.

요사이 전하는 바
12간지(十二干支)는 열두 가지 동물,
또 12간지신(十二干支神), 신으로 전한다.

이것은 뿌리없는
나무나무다,
열매맺지않는….

교육은 만든다,
그사회,
그나라 그때그때,

필요에 따라
조련된 동물
절대 군주 도구,

신의 노예 노예,
교육이 만든다.
　　　＜

우리 것 오래토록

챙기지 못한
집단 무의식을,

역사 앞에 고발,
고발한다, 고발.

역사 속 전통성,
자주적 주체성을 찾지 못하고,

선조 고향땅
중원땅 귀퉁이,

밀려난 우리다, 동강난 나라다.

*古干支 : '私窯聚選' 卷一 本文 帝王編(朴致維 田以采羍) 天皇氏盖取, 天開於子之義, 一姓兄弟十二人亦曰, 成鳩氏是曰, 天靈, 澹泊無爲始制, 干支盖十母十二子之名 以定歲之所在.

*甲曰, 闕逢 : 言万物剖甲而出. *乙曰, ○蒙:万物支軋軋 *丙曰, 柔兆:言陽道著明. *丁曰, 彊圉:言万物丁壯. *戊曰, 著雍:言万物之固也. *己曰, 屠維 : 言陰氣穀成. *庚曰, 上章:陰氣庚万物. *辛曰, 重光:言万物辛氣方生. *壬曰, 亥默 : 言陽氣 壬陽於下. *癸曰, 昭陽 : 言万物可揆度. *子曰, 困敦 : 言混沌. *丑曰, 赤奮 : 若言陽氣奮迅, 万物皆 若其性. *寅曰, 攝提 : 格言万物 承陽而起. *卯曰, 單闕 : 言陽氣惟万物而起. *辰曰, 執徐 : 言伏蟄之皆勅徐而起. *巳曰. 大荒 : 落言万物皆 大出而荒落. *午曰, 敦牂 : 言万物盛 壯之意. *未曰, 協治 : 言万物和合. *申曰, 涒灘 : 言棄万物吐之皃. *酉曰, 作噩:言万物 皆起之皃 *戌曰,閹茂 : 言万物皆淹 冒. *亥曰, 大淵 : 獻言大獻万物言天陽氣深藏於下也. 初春天氣早晨時.

분단의 비극을 넘어

항일기,
식민지 36년 까맣게 잊고,

이데올로기 둘로 편승해
갈라진 우리다.

항일기 항일 투쟁 그몫으로
北은 북대로
南은 남대로,

욕심보따릴 꾸려 돌아섰다.

北國은 백두 혈통 미명아래
항일몫으로 세습 왕국 세워,
가난한 나라로, 핵 보유국으로….

南國은 남국은야,
日本이 남긴 식민지 교육 역사 그대로다.

아직도
세계 10위 경제 국가로
성장했으나

미군의 점령지.

이토록 우리는 피흘리며,
죽고삶을 돌보지않고 끝장내려는가.

발전의 원동력은
투쟁 아니라
밀림 아니라,

대어·중어·소어, 바다관계 아닌,
협력 덕분이다.

내일은, 내일은야,
눈물이 있는
解冤의 시대다.

내일은 승자도 패자도 하나 되는
상생의 시대,

올로 꼬이고
외로 틀려도
하나가 되는
새끼줄 시대다.

'天符經' 나라

1.
나막신
딸각딸각,

나무제기 소년 적에
대꼬바리(담뱃대) 장정 적에,

간날 간 적
온날 온 적,

호랑이 담배
뻐끔뻐끔 필 적,

까만 그옛날에….

훈국(桓國)[*1]은
上元甲子
시월 초사흘
반고 훈인씨(盤古桓因氏)
燉煌 처음 나라,
正統國 세웠다,
이름은 神市다,

神人들이 세운,
나라란 뜻이다.

2.
그이전
이야기보따리
풀어헤쳐 보느니라,

쫑긋쫑긋이
귀를 세우면,
1만 년 전에
한인(桓因)의 韓國,

2만 리 떨어진, 머나먼 곳 한국(桓國),

天帝가 다스린,
鬱國*이 있었다.

> *1. 환(桓)의 음은 '한'이요, 인(因:仁)의 음은 '암'이라, 고어에 천왈한(天曰桓)이니, 즉 大一之義라 합언즉(合言則) 한인(桓因)은 天父也(하늘님 아버지)요, 天師(하늘님 스승)也요, 한검(桓儉)은 天君也(하늘 군주)라고 했다. 따라서 天父인 人名 환인(桓因)은 '한암'으로, 국명인 환국(桓國)은 '한국'으로 읽어야 하며, '환단 고기'('桓檀古記)도 '한단 고기'('桓壇古記)로 읽어야 옳다.
> *鬱國 : 지금의 중국 新疆省 和田. 옛이름이 伊甸·于阗·于寘 등이다.

3.
정통국 神市 때
지언이, 미상인
'玉篇'이며

'山海經'*이 전해오고,

盤古 흔인씨(桓因氏) 직접 지었단 '天符經' '法華經',

'천부경' '법화경',
'三一神告' 들이,
전해오고 있다.

> *山海經 : 中原에 구전으로 전해 오던 神話·傳說을 晉 나라 효무 황제 때 郭 璞이 이를 모아 편집한 18권 '山海經'이 있다.

4.
또 있다,
古干支 마흔 넉 자,

흔인과 부인 막지 사이의
열두 명 아들 , 이름 따 지었다.

옥편은,
'天' 1획 '人' 2획에 '地'(土) 3획 순서, 4획 '木'·'水'·'火', 8획은 金 이다.

3극(才) 및 5행 순서 이대로는
大韓民族의 우주 철학 사상, 뿌리를 내렸다.

5.
이 모두
명명 백백

속일 수 없는
흔국(桓國)의 역사다.

숨소리·1
——화음 세계

더불어 살고있는 이우주는야, 數가 지배하고….

數列로 너와 나를 '끈 엠'(M)*을 달아 관계 맺어주네.

서로가 실실 솔솔 꼬이지않는 하머니(harmony) 한마당.

*끈 엠'(M) : 초끈. 21세기 최고의 과학자라고 공인되는 스티븐 호킹과 레오널드 믈로디노프는 우주와 생명의 기원에 대한 근본적인 질문은 철학과 신학의 영역이었으나 현대에는 과학의 영역이 되었다고 주장한다. 그의 저서 '위대한 설계'에서 밝힌 '초끈' 이론은 즉 '우주와 생명 현상은 신이 창조한 것이 아니라, 우리가 관찰을 통해 역사를 창조했다는 것을 의미한다.'고 설명한다. 우리 자신은 최초의 우주에서 양자 요동의 산물이라는 것이다. '양자'는 '입자가 아니라 '끈'이라는 것이다. 그래서 우리와 우주를 지배하는 법칙으로 '끈' 이론에 기초한 '엠'(M) 이론을 제시함으로써 '만물의 이론'의 유일한 후보로 추대되고 있다.

제3부 ──────────────── 寺畓七斗落에 길을 묻다

동민조시/감꽃이 피면
고구마순을 내다
귀쑥(개쑥) 小考
寺畓七斗落에 길을 묻다
눈(雪)·3
芭蕉를 읽다
모란꽃피면
봄 情 景
小滿節 감나무
쇠스랑 미안하다
오동나무아래에서
우리집 7월은
5월뜰에서
은행나무
은　　행
'작천정' 벚꽃축제
靑民調詩/조팝나무꽃

〈동민조시〉
감꽃이 피면

아기 때
배고파
감꽃 함께, 주워먹고
물배 채우며,

감꽃목걸이
걸어주던 분이,

생각생각나네,
팔찌 끼워줬지.

고구마순을 내다

소만철,
뻐꾸긴 돌아와서,

고구마순 옮기라고
뻐꾹뻐꾹,
재촉이다,

누른보리밭 부황병 도지면….

때맞춰 내리는 비
단비라 하리,
때를 놓칠세라.

비옷을 덮어입고
비맞아가며
農心을 심는다.

익혀온 버릇이다,
심고뿌려
매고 가꾸어,

거두어드리는,
보람을 걷는다.

귀쑥(개쑥) 小考

둥근귀 모양으로 생겼다하여 붙은 이름 귀쑥.

빌로도(*veludo*) 부드럽고 맵시고운 옷 귀티부인 귀쑥.

함부로 참쑥이 된 들'개쑥'은 더욱 아닐 것, 흔치않는 귀쑥.

한겨울 내도록내 텃밭 비워둔 맥밭에 절로 대체 작목 귀쑥.

5일장 장 서방이 군침흘리는 귀염둥이 귀쑥.

寺畓七斗落[1]에 길을 묻다

아! 寺畓 七斗落에 禪道의 씨를 뿌려 길을 묻다.

淸規[2]를, 희망의 등불삼아
풀을 심고 소를 기르며
콩밭을 매나니.

흰젖이 풀밭에서
퐁퐁 솟나니,
낙원 따로 없네.

冊卷을 스승으로, 獨習三昧 드는 사이에
한소식 묻는다.
乙是求! 노을 빗긴 들길을 따라
버들피리소리, 소리 弓弓 乙乙…,
'콧구멍 없는 소', 소타고 집으로,
돌아돌아온다.

*1. 寺畓七斗落' : '寺'자를 파자하면 '寸土'가 됨. 적은 농토라는 뜻이며, 얼마 안되는 농토 일곱 마지기란 뜻.('격암유록'에서.).
*2. 淸規 : 백장(749-814.唐.) 청규를 이름. '一日不作 一日不食'이라는 청규아래 대중 3천 명을 자급 자족케 한 데서 유래함.

눈(雪)·3

아기와
강아지, 참!
좋아라하네,

슈監
눈이 겁나,
가만만 보았네.

芭蕉를 읽다

우리집 자랑거리
두 그루 파초,
쌍둥이가족
오순도순 산다.

저바람
구령따라 휘청거려도
부러지잖는
도수 체조 一品.

바람에
갈기갈기 찢어질수록
말달리는 기상,
마음주고살만.

성품이 너그러워
악기는 멀리
매듭맺잖는,
성자를 꿈꾸는….

저 넓은
잎은 가지

가지는 줄기,
줄기는 몸통,
몸통이 잎이다.

얼마나
내공이 깊으면
속이나 겉이나
翡翠色,

心地 하나
똘똘 말아, 갈무릴까,
청천 백일하
활짝 펴보인다.

따뜻한 남쪽나라
타향 이방인
나무라지 마소,
귀화 토착 민족,
역사함께 하리.

어쩌면, 저 넓은 心志 한 장
티 한 점없이
천진 난만할까.

짧은키 매듭 많고
구린내육신

가시 돋친 마음,
부끄럽다, 부꺼….

모란꽃피면

상쾌한 이른아침
노란금관에
청상 홍의차림,
어디 납시려나.

모란꽃 보내놓면
우리집봄도
떠나고 말아요!

봄 情景

봄비가
쪼록쪼록 대질 적셔
쑥이 쑥쑥 돋아나고,

황어떼가 태화강따라
쑥쑥 돌아온다.

우리집
냄비솥 달싹달싹,

쑥국인지 황어국인지
솔솔 향내난다.

小滿節 감나무

저어진
감나무,

봄살이
부황들어,

누른빛 월컥, 토하는 소문
고을마다 찼다.

쇠스랑 미안하다

세 발진 쇠스랑이
괭이 대신에 땅을 일궜노라.

숨은 돌 맞부딪쳐
生齒가 댕강 부러졌다, 八九!

탁 박혀 생치아가 부러지는
아픔 겪어본 사람은 다 안다.

오동나무아래에서

옛날에 막내고모 시집갈 때
아름드리큰 오동나무 베어,

장롱 맞추어간, 그생각 다 난다.

산마을
밭두렁 지키고선
백년묵은 오동나무
시집 한 번 못가보고
'공덕이'로, 늙었구나,

속상했구나!
속 다 비웠구나,
휑뎅그렁하다,
어릴 적 내 약속.

까맣게 잊은 약속,
'내 장가갈 때 데려가마와',

철석같이 믿은, 일편 일편 단심,
나를 알아보고, 홍당무 공덕이.

우리집 7월은

초록이 진을 친다,
쭉쭉 자란
쌍둥이 파초
지붕기슭 까웃.

너 키가, 내 키가
어느 키가
크냐, 더 크냐,
옥수수 옥수수.

감나무·은행·목련,
대추나무
쭉쭉 키큰다,
톡톡톡 꽃핀다.

나는야, 그사이
하릴없는
첨지, 농첨지,

자꾸
쪼그라져.

5월뜰에서

모란이 쉬어간 뜰
신록이 드니,
붉은꽃 잔치다.

해당화 립스틱
나팔부는 아마릴리스,
간드러지는 양귀비꽃허리.

퍼질러 앉아서도 우아한 芍藥
하나같이 一品.

할미꽃, 할미꽃
이봄날이 추운가요,
솜틀모자,
고개숙인 할미꽃이다,

아기꽃 있는데,
할배꽃·할매꽃!
있나요, 없나요?

은행나무

내 곁에 높고높은 나무 한 그루 두고싶었다네.

환갑에 새집짓고 이사올 때 세살박이, 어린 묘목
30년 되어 비로소 열매를, 은행알알 맺곤, 담장가에 우뚝.

지화자! 좋고좋다, 절로자라
잎도 황금빛 열매도 황금빛, 신라 금관이네.

장대로 마구터니, 쏟아지는 금잎금방울
난 영락없는, 은행털이 강도.

노부부 번갈아 아야지야 신음소리
노래소리 섞어가며 거두나니,

5일 장날, 장(市) 서방이 몇 번에 걸쳐
도합 50만원, 던져놓고 갔네.

돈냄새 은행냄새 사람냄새가 한통속 구린내,
구린내 나는 줄, 누가 알았으리.

이몸이 없더라도, 위위허게 자리를 지켜 지켜주려무나.

은 행

우리집 은행나무
여름에는 만 평 그늘,

가을엔 杏仁
한두 서너 말
내려주는 業木,

人長은 무슨 德?
나는 아직 몰라.

'작천정' 벚꽃축제

  3월 말 4월 초, 열흘 간 벚꽃축제 그소식 벌써 전국에 깔렸다.

  상춘객 4방에서 모여들어 교통 체증, 복작복작 약속없어도 구경거리 두 배.

  벚꽃은 뭉게구름 하늘가리고, 사람사람들 울긋불긋 꽃밭, 인산 인해로다.

  한 백 년 넘은 고목 '속 다 썩어도 꽃은 피운다,' 한 말씀 이른다.

  각설이 노래자랑, 시끌벅적 향토먹거리 불고기·미나리, 향내 진동한다.

  '작년에 왜 또 왔던 그각설이가 또 왔다, 또왔어.'
  무엇이 좋아서 또 왔는가, 말하나마나 백 년 묵은 벗, 인심 좋아 벗지.

  勺掛川(작괘천) 너럭바위 오목조목 맑은 물 찰찰 불빛 휘황차다.

  꽃구름 활짝 편 계곡따라 밤늦게까지 불야성 불야성.

〈靑民調詩〉
조팝나무꽃

음4월
냉이꽃 피어세고,

보리 아직
푸른들녘에,

이팝같은 조팝,
지천으로 피어,
절로 배부르다,

부황든 죽은 넋,
또 불러드린다.

제4부 ──────── 집단 무의식 똥구멍에 불질러라

靑民調詩/가을걷이·1
눈(雪)·1
연　필
모란(牧丹)꽃 사설
모　란(牧丹)
無　爲
밤　새(夜 鳥)(-박광호 그림)
별　꽃·1
새끼를 꼬다(-상 생·1)
소녀상앞에서
소실점을 위하여
예감, 사명당 비석
靑民調詩/집단 무의식 똥구멍에 불질러라
착각이나 엇각이나
한 가 위
홀로아리랑
홍　시

〈靑民調詩〉
가을걷이 · 1

콩꺾어 한마당 늘어놓고

하늘을 보니,

얇은 청포 한 장.

눈(雪)·1

우주를 떠돌아도

쉬어갈 곳은

지구뿐이로다.

연 필

생각을

詩로 묶는

나의 분비물

거미줄

실타래.

모란(牧丹)꽃 사설

5월은
모란꽃 피우나니,
뽀얀 속살 요강(凹腔) 단지에,

도톰한 자단(紫丹)
모란꽃 한 송이.

그꽃을 받아내려
'白瓷紫丹紋 凹腔'이라 한다.

양귀비 우윳빛
속살에 붙은 요강
오목한 모란,
밤에 자라는
'고추찌' 물고
요뇨(裊裊)하는 모란.
　　*裊: 간드라질 뇨(요).

모　　란(牧 丹)

성급한 매화·수유
개나리·도리
목련까지도
앞서 보내고,

보리피리소리,
필리리 필리리,
보릿고개 넘어,

남천 건너오면,
노란관 청치마,
자줏빛저고리,
등극하는 여왕.

無 爲

세상일 서로서로 주고받아도
함이 없이하고,
준 것없이 하라.

저꽃은 꿀·꽃가루 내어주고
벌·나비·나방 신부름을 하네.

낙엽진 가을하늘 불밝힌 홍시,
까막까치가 물고 멀리가네.

초여름 송홧가루, 안개처럼 구름처럼
바람바람에 황사가루 피네.

바람탄 상승 기류 민들레홀씨
낙하산타고 세상 구경가네.

무논에 둥둥 뜨는 개구리밥
보트 타고 물고를 넘어
어디로 가려나.

생각을 빨대로 빨아먹고
생각을 뱉어 시답잖은 글써.

밤　새(夜鳥)
―― 박 광 호 그림

둥근달 고목닭에 쉬었다가
아파트 숲속 허방짚는 저달.

먹이를 입에 문
육아 일기
둥지튼 夜鳥,

목뼈가 시리다.

별 꽃 · 1

전세값 천정 부지
쫓겨난 길섶,

사글세일망정,
초롱롱한 눈빛.

새끼를 꼬다
―― 상 생 · 1

오른손

왼손으로

비비고꼬면

자라나는 새끼.

소녀상앞에서

혹독한 그시절에, 내 누이는 시집을 갔네, 낭랑 18세 서둘러서둘러….

아, 7월, 염천이 다하도록 꽃진자리 희망꽃 폈네, 통일꽃 무궁꽃.

봄없는 나라에서 무슨 꽃타령, 매미만 맴맴 고추먹고 맴맴, 후추먹고 맴맴.

뻐꾸긴 뻐꾹뻐꾹 뻑뻑꾹뻑꾹 피울음 토한다.

소실점을 위하여

인생은 아등바등 담쟁이처럼 기어오르는 일.

오르고 오르는, 끝모를
비탈진 백척 간두,

직각 3각형
내리막길없는,
3·6·9 비탈길,

굴러 떨어지는,
존재 나의 나는.

어느날 어느시에
흰눈처럼 흔적없이 녹아버릴,

그날이 그날
제삿날이라네.

예감, 사명당 비석

1.
나라에 기압골이
깊어질 때
놀라운 이변
침묵이 감돈다.

2.
남북한 정상 회담
북미 정상 회담자리에,

성사될 조짐 멀고멀어도
봄은 봄은 온다.

3.
저기압 고기압 기류속에
장고의 침묵,

눈물이 글썽
땀방울이 송송,

천기 · 천기 · 천기(天機 · 天氣 · 天紀),
실마리 찾는다.   <

4.
한반도 겨레운명
길은 하나다,
오직 하나다,

봄은 봄은 온다,
봄병아리 삐약,
봄병아리 非核.

5.
짚으로 짚으로
右 편짝, 左 편짝손
비비고꼬면
꼬이고꼬여도,
새끼줄이 되네,
상생 시대 온다.

〈靑民調詩〉
집단 무의식 똥구멍에 불질러라

1만 년
풍속·역사 문화를 갖고
면면히 이어온, 있다있다, 나라.

사람아! 대한사람,
조선사람 집단 무의식 똥구멍에다
불을 질러라, 확! 불을 질러라.

무의식 잠을 깨고
로켓(*rocket*) 탄처럼
하늘로하늘로, 치솟아야 하리.

돌아온 탕자처럼 돌아와서도
겹겹 눌어붙은,
가마솥누룽지, 무의식 누룽지.

오뉴월 감나무 그늘아래
네 다리 뻗고
늘어지게 누운, 개팔자 상팔자.

별안간 풋감 뚝딱!
깨갱 깨갱 깽…

벼락맞은 소리, 놀라 도망가는.

꼴 좀 꼴
보소, 좀
우습다, 우습다, 언제나 언제까지
언제까지나
개팔자로구나!

무의식똥구멍, 로켓 똥구멍에, 불을 확! 질러라.

착각이나 엇각이나

1.
우리는 크나큰 착각에 휩싸여
앞뒷일 구별도 못하는
청맹과니,
언제부터 제조상도
몰라보고
남의 조상을 섬기고있는
똑똑한 바보
영문모르고 뻑뻑 우기는 황소목덜미,

엽전이라 하네, 우리 것은 녹슨,
단군할아버지, 귀신이라 하네,

귀신이라면 汝!
귀신 새끼새끼,
아니란 말인가?

2.
우리것, 우리것이 무엇인지,
찾으려고, 꼭 찾으려고
노력해보았니?
왜 노력 안했니?

학자나 위정자, 통령
할것없이.

모두가 한통속
나라꼴이 꼬리꼬리가 뱀꼬리꼬리,
'꼴이'나 '꼬리'나,
엇각 착각 엇각,
이것 무슨 현상?
나라 안될 징조?

제조상 영 모르면
식민지 노예
맞춤맞춰 간다,

지금은 어떤가?
알기나 해! 너는?

3.
5천만, 7천만 명
아니 아니 8천만이야,
이많은 노예를,
다 팔아넘기면, 큰장사 되겠다?
해외 교포 氣가?
폭삭 氣가 빠져?
숨넘어간다, 억!

한 가 위

한들에 5곡 잡곡 풍성도 하니,
인심도 느긋타.

가난을 오순도순 나누어먹던
식구 다 모여
희희 낙락하네.

위·아래 차례상앞
내가 설자리
어디인지 알랴.
        *頭韻 : 한·가·위.

홀로아리랑

난바다 동해바다 홀로아리랑, 독도 혼울 燈臺.

한반도 청음으로 한문학 개척 연암 '熱河日記'.

먹물밴 한문 토양 홀로 싹틔운, 송강 한글 문학.

얼룩진 한국 역사 꼬인 실타래
초우 푼 '天符經'.

여봐라! 누가 天機 막을 수 있나,
重光! '理化世界'.

홍 시

지등을
밝힌 낡에
대롱대롱 꿀단지잔치
새들만의 잔치.

퍼가라, 물고가라
까막까치가 심부름한다,
동서 남북 멀리.

지킬 때
베풀 때를
놓치지않는
참감홍시 달다.

제5부 ──────────────────────── 시사 만평

黃　　太(-명태 열전·1)
生　　太(-명태 열전·2)
北　　魚(北泰魚:北太:물태:生太:명태/-명태 열전·3)
明　　太(-명태 열전·4)
凍　　太(-명태 열전·5)
통　　태(丸太:マルタ:마루타/-명태 열전·6)
盲　　太(-명태 열전·7)
毒
'山 海 經'
擧世皆濁
時事漫評·1(-박 근 화)
時事漫評·2(-시 진 핑)
時事漫評·3(-트럼프 카드)
예각과 둔각(-박광호 그림 '물고기뼈·1')
완전 범죄
양다래넝쿨손(-국 회)

黃　太
──명태 열전·1

켜켜이
부황들면
黃太로 개명
신분 격상 一品.

저 萬里
대륙에 가
대접받아도
향수병 사무쳐.

生　太
──명태 열전 · 2

저푸른 넓은 동해 한류 난류가 뒤섞이는 바다.

육지에 올라와서 눈푸르다고 생태라 하지요.

유유히 고향바다 수를 놓는 춤 群舞가 그리워.

北　魚(北泰魚:北太:물태:生太:명태)
──명태 열전·3

겨울철,
동해안 북녘에서 많이 난다고
북어·北太래요.

太 씨 姓 가진 분이
맨처음 잡아
'太'字 돌림이래,

생태·동태·盲太,
황태·북태래요.

明　太
──명태 열전 · 4

함경도
明川 고을 앞바다에서
많이 잡힌다고,
명태라는 득명,
명천골 대명사.

생태를 비롯해서
말린 미라(*mirra*) 등
통칭이름 명태.

식민지 정책에
고분고분, 안하니까
조센진*과 明太(メンタイ) 두들겨
패지않으면
안된단 말있다,

탄압 가지가지,
가지가지 구실.

　　　　*일본사람이 조선사람을 비하해 하는 말. 朝鮮人:チョウセンジン.

凍太
——명태 열전·5

대관령 설한풍에
앙천(仰天)의 덕장,

'데모' 아니면
저붉은 '열병식'.

녹았다, 얼었다, 얼었다녹았다…,

눈속에서
겨울나고,
군기 잡히면
凍太가 되지요,
좋은 때깔이라,
신분 격상 황태.

組隊를
'떼'라 하고
한 떼 무리가
스무 마리란다.

통　　태*(丸太:マルタ:마루타)
―― 명태 열전 · 6

捕虜된 독립군을
깝질 벗기고 토막토막 잘라,
생체 실험했다.

알몸째
모진 고문 천인 공노할
생통나무장작, 만행 저주한다,
押江(압록강) 알고 있다!

*통태(まるた:丸太):껍질만 벗긴 통나무·장작.

盲太
──명태 열전 · 7

혹독한 항일기에 두 눈 다 잃은 盲太가 되었소.
그세월 일흔 살이 되도록 그냥 고질병 되었소.
군살진 풍요속에 맥주 안주로 차근차근 씹어!

이땅은 만날만날 南 토끼몰이 北 아가 총놀이.
풀뿌리, 제1당 화풀이로 곤장을 쳐서 해장국 끓이오.
동해가 부글부글 끓고있는 아, 저황태탕이다.

외교가 눈먼 사이 저바다 멀리 왼방망이소리.
이틈을 타서 '동해 일본해 병기' 독도가슴 깔딱.
멀어도 눈멀어도 하얀 盲太 눈 아닐 테다지요!

    *졸저 제6시조 시집 '봄'에 이미 '시조'로 발표한 작품. '시조'와 '민조시'의 유
    사성을 짚어보고자 함. 그래서 본 장르(프.genre)에 감히 다시 옮겨 실었다.
    '일제때'를 '항일기'로, '애들'을 '아가'로 고쳐서….

毒

한우물
물마시고,
꿀·젖·독·核(핵:원자핵)
만들어낸다,

나는 가져도
꼬마아기가
核을 가지면
사고 다발이다,
너는 가지지 마!

언짢은 불평등,
국제 조약일세,

너도 가지지 마!
국제 간 패권 毒.

'山海經'

황제씨(黃帝氏:*BC.*2679.) 때부터
하우씨(夏禹氏:*BC.*2224.)에 이르기까지
天山 중심한
7대[1] 제왕을 거친 기록이다.

산에서, 들에서, 냇가에서
동식물・관물, 함께 살아온
部族歷史이다.

그당시
지구상에 국경없었다,
그냥 '海內'[2]는 바다가운데 아니라 서북,
모퉁이에서 동쪽 지역이다.'

유럽과 소련 연방
지역나라들
東夷의 天子國,
속한 땅 제후국.

아무리 그렇다 하더라도
'山海經'은 7대의 기록 사실이라 하나,
상상고 그시대, 역사가 엿본다,
伏羲氏[3] 때부터, 기록한 역사다.

<

伏羲氏(*BC*.2800.)
伏羲氏는 환웅(桓雄) 시대
다의발 환웅(제5세 桓雄)
열두 아들 중 막내아들이다,
太極 八卦 창안, 태극기 출처다.

종래로 '山海經'은 夏禹氏까지
서른두 권이 전해내려왔다.

東晉의 효무 황제[*4]
郭 璞 때는 18권으로
축소 정리해 전해내려온다.

지은이 밝혀지지 않는 채 그냥
郭 璞 이름만 책에 찍혀있다.

겉으로 보기엔 '山海經'은
꼭 그렇다,
동식물원, 물고기나 새들 공원
귀신 소굴같아.

보이게 짜여졌다, 모든 나라 학자들이
꼭 신화설로
치부하고 있다.

'山海經'
'山海經'은, 은유·해학
풍자로 쓰인 문학이 되었다.

<

이래서 '山海經'은
서술적 기술 다른 史書에 비교해 볼 때
안전하게도 보존되어 왔다.

그것도 그럴 것이
아름답고 긴 東夷 역사를
많은 학자들 신화로 꾸며
은폐 날조 했다.

지금의 支那(china) 중국
중국 사서엔, 역사 연대표엔,

훈국(桓國)·훈웅(桓雄)·단제(壇帝),
3한(三韓)·3국(三國)·高麗.

歷史의 年代表를
그들 사서엔 몽땅몽땅 싹 지워버렸다,

인해 전술 근성, 역사 침탈이다.

　　　*1. 7대 : 黃帝(BC.2679.)·少昊金天氏(신라 시조. BC.2578.)·顓頊高陽氏(BC.2491.)·
　　　帝嚳高辛氏(고구려 시조 BC.2482.)·陶唐氏(堯任儉. BC.2357.)·有虞氏(BC.舜任儉
　　　BC.2284.)·禹任儉(BC.2224.).
　　　*2. 海內 : '山海經' 권12 '海內北經' 1항 전문. : '海內西北隅以東者'. 대륙은 혼반
　　　도의 40배에 달하는 넓이다.
　　　*3. 伏羲氏(BC.2800.) : 3황 5제의 첫머리에 꼽는 중국 고대 전설상 제왕이 아
　　　니다. 엄연히 제5세 다의발 훈웅(桓雄) 12아들 중 막내아들이다.
　　　*4. 효무 황제 : 東晋(AD.372~376.).

擧世皆濁

높으면
높을수록,

'한대가리 해먹는다,'

대가리 크면
큰대가리 먹고,

목에 딱 걸리면,
왈칵
게워낸다.

時事漫評·1
―― 박 근 화

1.
어느 날
시진핑이 박근화를
국빈으로 초대해놓고
시황릉앞에
데려가 보였지.

2.
그런데
도시에 온, 촌닭처럼
물끄러미 서
바라보고있는,
박근화 대통령.

3.
역사를 바라보는
불타는 열정
박근화 마그마(*magma*),
언제 토해낼까,
언제 폭발할까.

4.

그옆에
눈 지그시 내려감고,
입비틀어 다물고섰는
會心의 얼굴,

'붉은곰' 속내
무슨 꿍꿍일까.

5
겉다른
속다른 곰,
선린 친선 국빈 대접
아닐 테지요,
패권 주의 과시.

時事漫評・2
—— 시 진 핑

1.
박근화
까맣게 잊고있는
그후 어느 날,

'紫禁城'에서
'붉은곰' 북(鼓)과
트럼프(*Trump*) 카드(*card*)
입씨름 한판,
맞앉은 자리
무슨 말 오갔나.

2.
"한국은
사실 오래
支那(*china*·중국) 변방의
제후국(속국)이라고,
'붉은곰' 말했다."

3.
트럼프, 눈 껌벅!
어깨 실룩, 입은 쭝긋! <

미심쩍다는
눈치,
'그럴까요?'

4.
그말에
트럼프 씨
속지를 마오,
韓國 역사 문화,
종주국, 從中國!

5.
'중국이
단일 문명, 체계'라니?

우기지 마오,
터진 김밥일다.

6.
여보소!
시진핑 씨
역사관이 가소롭소,

14억 인구
차이나(*china* 支那) 나라
90퍼센트(*percent*)

漢族이라니,
가짜 중 가짜다,
조상도 모르는,
막난이·막나니,
남역사 주워간, 넝마주이 중귀(中國).

7.
이보소, 시진핑 씨!
차이나(*china* 支那:가지나라)라는,
원래 그본뜻
'가지나라'란 뜻!

8.
가지가 몸통뿌리
보고, 가지라,
가지라니, 웬말?
가소롭다 못해,
불상타, 불상해!

9.
고구려
신라·백제
왜(대륙 倭)·四夷 후예
지나(支那) 차이나다(*china*).('通志'에서).

時事漫評·3
—— 트럼프 카드(*card*)

그렇다,
트럼프 카드놀이,

韓國 역사
알면
얼마나
알고있을까,

'붉은곰' 그앞에,
무슨 재줄 넘나,

두고 두고 보자.

예각과 둔각
──박광호 그림 '물고기뼈 · 1'

사람들 회쳐먹고, 구워서 먹고, 발라먹고 버린….
구상은 날카롭긴, 메스보다 더 예리한 붓 터치.
선과 선 예각 둔각 먹고먹히는, 바다의 법칙 자연 순환 질서.
죽은 듯 죽은 눈이 백 번 죽어도 감지 못할 미련.
고대층 현대 층층 층으로 쌓인 고분군이랄까.
흑색과 백색 결합 음양 정기를 나타내고있는.
청색은 지구이자 생명체로다, 뼈로 오고가는….
백·흑·청 서로서로 도드라지는 평등한 입체감.

완전 범죄

어젯밤 꿈속에
똘똘한 詩란 놈이
나타났는데,

꽁꽁 묶어둔 채,
잠들어버렸다.

아침에 일어나 필을 드니,
고놈이 흔적 남기지않고,
달아나고없다.

양다래넝쿨손
──國　會

마당가 갈고리손
양다래넝쿨,

바람아, 불어라,
바람아, 불어라.

螺旋狀, 긴팔을
바람따라
휘휘 휘둘러,

끼리끼리새끼,
새끼줄 꼬았다.

이편짝 저편짝 葛藤이
일어나자
藤葛 藤葛져
꼬이고꼬인
풀리지않는
汝矣島 國會다.

제6부 ————————————————————— 溫故知新

'金尺'을 복원하다
바 둑·1(-숨은 이야기)
바 둑·2(-바둑판 원리)
바 둑·3(-어 원 考)
바 둑·4(-알파고와 李世乭)
바 둑·5(-바둑판은 우주의 축소판)
禪
소·3(-민속밭도 간다)
소·4(-牛 公)
소·5(-艸牛野墅)
한·일 대역 民調詩/ 소·6(-艸 牛)
韓·日 對譯 民調詩/ 牛·6(-艸 牛)
소·7(-騎牛歸家)
溫故知新
이승과 저승
장맛비 斷想·1(-德)

艸牛 辛東益-약력

'金尺'을 복원하다

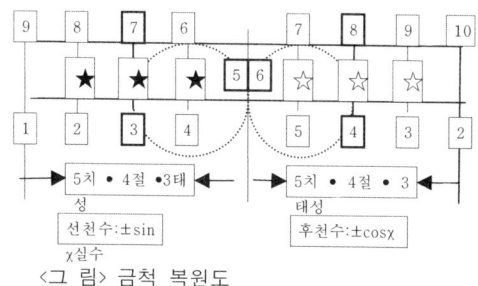

<그 림> 금척 복원도

觀雪堂 박제상의 아들 朴文良,
백결 선생이 '金尺誌'지었다.

머리엔 용이 구슬, 머금었고
다섯 치에 네 마디로 된
3태성 줄섰다.

실수(一:기수)와 허수(十:우수)가 數數 간에 조화 이룬 후*
삼라 만상이 천의 무봉한 원(○)각(△)방(□) '天符印',
天衣 받아 입고,
너·나 일시 성불.

  *'조화 이룬 후'(10을 이루니) : 대응하는 두 수합이 10이라는 뜻. 즉 1:9, 2:8, 3:7, 4:6, 5:5.
  *觀雪堂 박제상의 '符都誌' 九章 : '其形象則如三台星之列하니, 頭含火珠하고 四節而五. 其虛數之數가 九而成十하니, 此則天符之數也라.'는 '金尺' 기록이 있음.

바 둑 · 1
―― 숨은 이야기

그내력 아무도 몰라요, 바둑을 즐기면서
한국사람 일본사람 중국사람
말할 것없이
온세계사람
아무도 모르게, 호도하고있다.

堯*1님금 아들 丹朱 불선하여
착한 아들
바둑이나 둬보라면서 만들었단 바둑.

덩달아
舜*2님금 아들 商均
어리석어서 똑같은 그이유.

우습다, 우스워라! 聖君 아들이
하나같이 불선, 못난 이유 무엇,
어디에 있을까.

여기에 역사를 糊塗하는
책략이 있다, 춘추 필법*3 그것.

당요(堯)는 단제 왕검 지방 순유 차 符都(단제의 수도) 비운 사이,

쿠데타(프:coup d'état) 일으켜, 침탈한 폭도다.

  그당시, 志士인 巢父 許由 唐堯 조정엔 출사하지 않고, 반대 은거한 것, 세상사람 안다.

  요임금(堯壬儉) 아들인 丹朱는, 帝位를 이어받이 못한 怨恨이 천추에 사무쳐, 반기를 들었다.

  순임금(舜壬儉) 효자로 알려져 내려온다, 그제위를 이어받이 그이유로도 그의 효성이다.

  아버지 有戶氏는 단제 신하로, 이론가이고, 외교가이며 그의 논리는 정연하면서 날카롭다한다.

  동양의 사상을 관통하는 5행설의 오류를 지적, 氣火說을 제창.

  중국 측 사료에는 나이든 志士, 志士 高叟를 아주 완고한, 소견고수(瞽瞍)로 비하되어있다.

  舜 아들 商均은, 단제를 배반한 그아버지 舜 임금에 반기 들었다, 蒼梧 들에서 아버지 죽자, 단조에 들어 사도(3공의 하나. 정1품)에 올랐다.

  자식도, 애비도, 지사도
  묻지 말라, 가리지 말라,
  聖君 하나면 足.

  堯舜을
  聖君으로
  떠받들면서 미화시킨 세월, 길고도 길었다,
  儒敎圈에서는, 아직 추앙한다.

  우리는 우리역사, 우리 것을 너무 모르고 있던 청맹과니.

*1.堯 : 唐堯. 壇帝 王儉이 지방 순유차 부재 중 符都(단제 왕검의 수도)를 비운 사이 堯가 구데타를 일으켜 침탈했다('부도지'). 그아들 丹朱는 부당한 아버지의 처사에 항거했고, 소부와 허유도 唐堯에 따르지않고 隱士가 되었다. '博物誌'에는 '堯造圍棋 丹朱善之'라고 돼있다.

*2.舜 : 그아버지 有戶氏는 단제의 신하. 중국 측의 사료에는 瞽瞍로 돼있다. '符都誌'에 의하면, 유호씨는 이론가요, 외교가로 그의 논리는 정연하면서도 날카롭다. 5행설의 오류를 지적하고, 氣火說을 제창했다. 유호씨는 후에 月息星生洲로 들어가 傳敎했다('부도지' 61쪽). 舜이 재위 61년 창오의 들에서 순수하다가 漢族에 의해 죽은 이후 그아들 商均은 다시 고국 돌아와 壇朝에 벼슬, 관직이 사도(3공의 하나.정1품)에 이르렀다('단기 고사'. '부도지' 62쪽). '中興書'에는 '堯舜以敎愚子也'라고 기록돼있다.

*3.春秋筆法 : 중국 사필법의 세 가지. 1)爲中國諱恥:중국을 위하여 부끄러운 것 숨기고. 사건의 전도 기술. 2)衿華夏而陋夷狄:중국을 높이고 외국은 깎으며, 3)詳內略外:중국의 역사는 상세하게, 외국 역사는 간략하게 적음. 예:高句麗→句麗→下句麗

*註 : 이와 같이 지나(중국) 역사를 춘추 필법으로 기술하다보니, 唐堯가 '단군 왕금'이라 하는 사학자도 있으며(이중재 : 상고사 학회 초대 이사장), 황제 헌원이 桓雄이라는 역사 학자(이태수 : 한국·한민족사)도 생겨나고있다.

바 둑·2
―― 바둑판 원리

<그 림·1> 1적 10거(9×9=81)

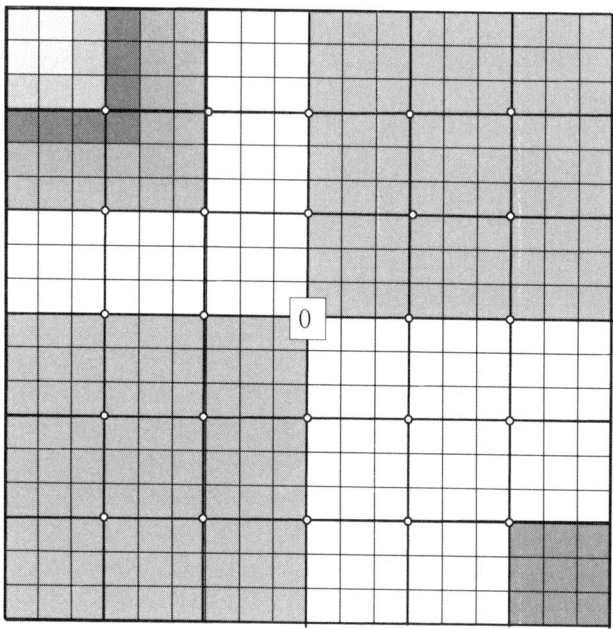

<그 림·2> 바둑판. <1적 10거> 확대도. 六六大化十十理機三十六宮.

1. 口
바둑판 생긴 모양
전체가 네모
큰입 '口'자로, 둘러 에워쌀 '국'(囗:애운담 국:國).

2. 田
작은입(口), 식구 수
차츰차츰 불어나는 입
네(4) 개 모여 '田'자, 농경 사회 산물.

3. '1적 10거'('一積十鉅':$1^2 \sim 10^2$)*¹
식구가 늘고늘어 불어나가면
작은 밭뙈기 큰밭뙈기로
무한으로 일궈!

가로로, 세로로, 열아홉 줄 밭뙈기 계산, 한참 걸려 몰라, 3백 60 한 집, 호수 이루었다.

　　　　*1. '1적 10거': '천부경'의 한 구절.

4. '6·6대화 10·10리기 36궁'(六六大化 十十理機 三十六宮)*²
또 있다, 가로6·세로6, 크게 변해 가로·세로 10,
기틀이 되어 36궁 이뤄,
열'十'字 좌표계(바둑판:데칼트 좌표계).

　　　　*2. '6·6대화 10·10리기 36궁': '지부경'의 한 구절.

5. '33·66 대화 정의'('三三六六大化定矣')*³
딴말로 또 있다, 입 '구'자

제일 적은 3·3은 9칸 기본틀이 된다.

가로로, 큰6에 세로 큰6,
곱한 그답은 36궁이다,
딱 자른 정리다.

*3. '33·66 대화 정의' : '인부경'의 한 구절.

바 둑 · 3
―― 어 원 考

'바둑'의 '바'는 바 '維', 바에서 오고, '둑'은 '밭둑'의 '둑'서 유래한다. 그래서 합성하여 '바둑'이라는 이름 생겨났다. 사물이 생겨나면 이름도 같이 생기는 법이다.

당초에 땅을 일궈(나라도읍 행정 구획) 밧줄 날라서 네모반듯하게, 우물 '井'자 整理. 그모양 바둑판, 놀라지 말아라, '천부경'·'지부경'·'인부경' 모두다, 바둑판 설명문, 천(○)·인(△)·지(□) 3재 3극 3위 일체는 한국 고유 사상.

'井'자는 가로세로 33(삼삼)은 9다, 밭모양 '井'이다, 나라도 9주다, 하늘 9 천이다.

바 둑 · 4
──알파고와 李世乭

우리는
우리는야!
크나큰 착각, 빠져있나니,
제정신 차려야, 1등국이 된다.

우리는
우리는야!
아이큐(IQ)에서
세계 1위로다,

잘살 권리 있다,
지도 국가 능력,
전통 문화 있다.

만천 년
이어내려
온
가지가지
전통 풍속 문화,
다 있다, 빛난다.

세기적

새 기적
'알파고',
李世乭 바둑대결,
바둑 '한 돌'
그 천재성도 바둑문화 창달,

바둑판 '천부경',
'천부경' 바둑판,
밭골에서 났다.

우리가
우리민족 나아갈 길은
땅넓이도 아닌,
인구 수도 아닌,

오직오직 문화,
문화 문화 국가.

바 둑 · 5
── 바둑판은 우주의 축소판

입 '구'('口')가 불어나면 밭뙈기면적 늘려야 하는 것.

입 '口'가 네 개 모여 밭 '田'자 되니,
1제곱 입 '구'(1^2:口), 2제곱(2^2:田) 밭 '전'…
3제곱(3^2) 우물 '井',
'1積 10鉅'*에다, 무한대로 는다.

바둑판 19제곱(19^2) 이랑이랑
굽이굽이에 3백 예순 한(361) 집.

밭뙈기 가로세로, 쪽쪽 곧게
우물 '정'('井')자로 3백 스물 네(324) 匹.

작은밭 큰밭뙈기 많고도 많아
컴퓨터라야 답이 나오겠네.

바둑은 몇 수나 되는지
알 수 없고, 지금까지, 똑같은 수
나온 적 없네, 이우주 축소판.

　　　*一積十鉅 : '천부경'의 한 구절.

禪

닭모이

줍듯 삼킨

기억의 片鱗,

소 반추하듯

'나'를 되씹는다.

소 · 3
──민속밭도 간다

농사일
하는 소를
農牛라 하고,

보살도 소(牛)로
부처는 '白牛'다.

'콧구멍없는 소'가
윷밭 고누(꼰)밭
민속밭도 간다,
뚜벅뚜벅 간다.

소 · 4
──牛　公

든 화두
행주 좌와,

오물우물
되씹는다,

두 눈은 반눈
지그시 감고
용맹 정진한다.

소 · 5
──'艸牛野墅'

神佛山
동녘자락
하 넓은 들녘,

풀·소가 있네,
오두막도 있네,

누가 앉아있네.

*'艸牛野墅' : 필자의 호와 당호.

⟨한·일 대역 民調詩⟩
소·6
―― 艸　牛*

풀·소는

서로서로

공생하면서

영역 넓혀간다.

*艸牛 : 필자의 호.

〈韓・日 對譯 民調詩〉
牛・6
―― 艸　牛

艸・牛は

をたかい

共生なから

營域を　廣行ず.

소 · 7
──騎牛歸家

백발이, 星星한 神仙같은
첨지
農 첨지,

저녁노을아래,

버들피리 꺾어,
불며,
소를 타고,
필리리 필리리,

騎牛歸家로다.

溫故知新

1.
아무리 우리 것이
낡았다해도 버릴 대상인가.

옛것을 거듭 익혀 갈고다듬어 버릴 것 버리고, 새로운 발전을, 꼭지로 삼아야.

지금은 과학 시대 세계화 시대 전통과 만나야, 우리 고유 문화, 빛살아 남는다.

그예를 들자면 즉, 김치냉장고 압력밥솥이 그러한 예이다.

유구한 역사(10,948년 당시)속에 우리 것을 너무도 많이 버리고 말았다.

세계에 여봐란 듯 내놓을 만한 우리 것없어 납작 쪽팔려, 함부로 버렸나.

그것이 아니옵고 제값어치를 몰랐기 때문,
문을 안으로 닫아걸고 밖, 살피지 못한 봉사였기 때문.

청자가

백자가 그러하고
김치・두부가 그러하다니까.

2.
막사발 그것은 또, 임진 왜란 때 일본군 적장 몰래 훔쳐가 伊藤博文에 바친 막사발,
일본국 국보 제1호라니, 아, 초풍할 노릇.

3.
문자는 어떠하고, 동양 고래로 여러 나라들
漢字 공통어 사용하고 있다. 그런데 우리는야,
동양 표준말 우리 眞書를 모르고 여지껏….

조선어 '훈민 정음' 즉 모국어인 諺文은 사투리.
동양의 각 나라들 한문 빌어서 사투리 적는다.
지금도 우리가 표기하는 우리 漢文이 참글(眞書) 표준어다.

한겨레 정신 문화 漢文(眞書)으로만 다 적혀 있으니.
항일기 언제 박사, 한글 전용자 그죄 알기나 해.
'우리 것 소중함'을 말만으로만 누가누가 못해.

천 년을 쭉 이어온 우리 시조(時調)를 읽어나 보았나.
지어나 보았는가, 애달프도다, 참 가련하도다.
우리 것 갈고닦아 시조 한 수쯤 품고 살아야지.

4.
眞書를 모르니까, 여의도 저꼴 '조폭단' 보아라.

마침내 제뿌리도 버리고나니, 꼭 부평초같다.
아기는 어디 두고, 안태만 키워 종살이 목맸네.

*眞書 : '부도지' 51쪽 7항에 '한단 고기'의 단제 천제 3세 가륵 2년(BC.2181.) 조에 상형 표의의 眞書가 있음. 삼랑 을보륵에 명해 정음 38자를 찬해 이를 '가림토'라 했다는 기록이 있음. 상형 표의 문자가 곧 한문(진서)이고, '가림토'가 '훈민 정음'으로 발전했다고 보면, 한문이 우리의 진서이고, 한글은 언문이다. 80대 노인들은 지금도 한문을 진서, 한글을 언문이라 부른다.
*이것은 사대가 아니고 문화의 주체성이다.
*本稿 : 본고는 이미 졸저 제4시조 시집(2012.天山)에 수록되어 있다. 그러나 형식은 '민조시'이다. '시조'와 '민조시'의 유사성 때문이다. 감히 스스로 몇자 손봐서 장르를 찾아 다시 옮겨싣는다.

이승과 저승

이승과 저승은
色이다가 空이다가
空이다가 色이다가
대칭으로 된
시계, 모래시계.

장맛비 斷想·1
―― 德

비온다,
조용조용
내리는 비
어진 장맛비
바람덕이란다.

艸牛 辛東益-약력

- 1931. 울산 광역시 울주군 출생(신미생. 卒壽:90·回婚:60년·문력:30년. 3·6·9체수에 3태성 줄서니, 庚子年이 밝다.).
- 1991. '문학 세계' 시조부 당선.
- 2015. 제11회 '民謂詩學' 신인상 청민조시부 초회 추천.
- 2020. 제115회 '自由文學' 신인상 민조시부·靑民調詩部 2회 추천 완료.

- 한국 문인 협회·한국 시조 시인 협회·한국 民調詩人協會·울산 문협·울산 시조협·나래 시조협·한국 자유 문협 회원 및 임원·울산 시조 시인 협회 초대 회장(6년)·한국 시조 시인 협회 이사(4년)·울주군 문화원 부원장(4년) 역임.

- 저서: 시조시집 '조강지처:糟糠之妻' 외 5권.
  민조시집 '콧구멍 없는 소'(2020.도서출판 天山)
  '천부경'('지부경' '인부경' 신해독) 외 다수.

- 수상: 성파 시조 문학상·나래시조 문학상·自由文學賞(시조)·울산 문학상(시조)·울산 시조 특별상·문학 세계·문학 공모 대상(시조)·연암 문학 공모 대상('천부경' '지부경' '인부경' 신해독)·송강 문학상 공모 대상(제6시조집 '봄') 등.

- 현재 울산 시조 시인 협회 상임 고문·울주 문화원 고문·'박구 서원'(정몽주 이언적 정 구 배향) 고문. '天符經' 교실 운영.

- 주소·44953. 울산 광역시 울주군 삼남면 강당 1길 64호(가천리 537.).
  · 손전화 010-5701-4772
  · 전자 우편·ik4772@daum.net

天山 詩選 [128]

4353('20). 6. 22. 박음
4353('20). 6. 30. 펴냄

신 동 익 첫민조시집

콧구멍 없는 소

지은이	辛 東 益
펴낸이	申 世 薰
잡은이	신 새 별
판본이	辛 宙 源
판든이	신 새 해
판든이	金 勝 赫
펴낸곳	도서 출판 天 山

04623. 서울시 중구 서애로 27(필동 3가 28-1). 서울 캐피털빌딩 302호 '自由文學' 출판부.
등록 1991.10.31. 제1-1269호
전자 우편 · freelit@hanmail.net
☎02-745-0405 Ⓕ02-764-8905

ISBN 978-89-85747-94-3 03810

*잘못된 책은 바꿔드립니다.

값 15,000원